Tabla de contenid

5. Cámara y fotografía

5.1. Explorando la aplicación de la cámara y sus diversos modos.

5.2. Consejos para tomar fotografías y vídeos de calidad profesional.

6. Productividad y Trabajo

6.1. Configurar y usar aplicaciones de correo y calendario.

6.2. Notas, recordatorios y notas de voz para aumentar la productividad.

7. Entretenimiento y medios

7.1. Usando Apple Music, Podcasts y la aplicación de TV.

7.2. Explorando la App Store en busca de juegos y otras aplicaciones.

8. Salud y Accesibilidad

8.1. Utilizar la aplicación Salud para el bienestar y el fitness.

8.2. Funciones de accesibilidad para una experiencia inclusiva.

9. Seguridad y Privacidad
9.1. Configurar Face ID o Touch ID.
9.2. Comprender y administrar la configuración de privacidad.

10. Funciones y consejos avanzados
10.1. Explorando funciones ocultas y atajos.
10.2. Solución de problemas comunes.

11. Mantenimiento de su dispositivo
11.1. Consejos para la salud y la longevidad de la batería.
11.2. Limpieza y cuidado de tu iPhone.

12. Conclusión
*Resumen de lo más destacado.
* Fomentar la exploración de las funciones del iPhone.

Descargo de responsabilidad y estímulo para consultar los recursos oficiales de Apple

1. Introducción

1.1 Descripción general del último modelo de iPhone

El último modelo de iPhone introduce una serie de innovaciones que mejoran significativamente la experiencia del usuario. Este dispositivo cuenta con un nuevo procesador A15 excepcionalmente eficiente, que garantiza un rendimiento más fluido de las aplicaciones y una duración de la batería más efectiva. La cámara ha pasado por un completo rediseño y ahora ofrece modo nocturno en cada lente, lo que permite fotografías claras incluso en condiciones de poca luz. El último modelo de iPhone también está equipado con la última versión del sistema operativo iOS, lo que aporta funcionalidades nuevas e intuitivas y características de seguridad mejoradas.

1.2 Breve Historia y Evolución del iPhone

La historia del iPhone es un viaje fascinante a través de la innovación y el diseño. Desde la introducción del primer iPhone en 2007, cada modelo posterior ha traído cambios innovadores, como la introducción de la App Store, las tecnologías Touch ID y Face ID, y mejoras continuas en la cámara. El iPhone ha transformado la forma en que las personas se comunican, interactúan con los medios y gestionan su vida diaria.

Cada nueva versión es un testimonio del compromiso de Apple con la innovación y la búsqueda de la excelencia, siendo el último modelo de iPhone el último ejemplo de esta filosofía.

2. Primeros pasos

2.1 Unboxing y configuración inicial

¡Felicitaciones por su nuevo iPhone! Ha llegado el momento que estabas esperando: sacar de la caja tu nuevo dispositivo. A continuación le indicamos cómo empezar:

1.Desembalaje:
- Abre con cuidado la caja y retira el iPhone.
- Encontrará el iPhone, un cable USB-C a Lightning y documentación.
- Tenga en cuenta que el adaptador de corriente y los EarPods no están incluidos en la caja.
- Retire cualquier película protectora de la pantalla del iPhone.

2. Encendido:
- Mantenga presionado el botón lateral hasta que aparezca el logotipo de Apple.
- Serás recibido con un "Hola" en diferentes idiomas, lo que indica el inicio del proceso de configuración.

3. Configuración inicial:

- Siga las instrucciones en pantalla para configurar su iPhone. Esto incluye la selección de idioma, la conexión a Wi-Fi y la configuración de Face ID o Touch ID.
- Cuando se le solicite, puede transferir datos desde su iPhone anterior o configurar su nuevo iPhone como un dispositivo nuevo.
- Inicia sesión con tu ID de Apple o crea uno nuevo si no tienes uno. Esto es crucial para acceder a los servicios de Apple como App Store, iCloud y más.
- Configura Siri, el asistente personal controlado por voz de Apple, si lo deseas.

4. Pasos finales:

- Una vez completada la configuración inicial, puede comenzar a personalizar su dispositivo. Esto incluye configurar fondos de pantalla, tonos de llamada y descargar sus aplicaciones favoritas de la App Store.

2.2 Comprensión de la interfaz y los gestos básicos

El iPhone es conocido por su interfaz intuitiva y gestos fluidos. Aquí tienes una introducción a cómo navegar en tu iPhone:

1. Pantalla de inicio:

- La pantalla de inicio es donde encontrarás todas tus aplicaciones. Puedes deslizarte hacia la izquierda o hacia la derecha para ver más aplicaciones.
- La base en la parte inferior de la pantalla de inicio puede contener hasta cuatro aplicaciones o carpetas y se puede acceder a ella desde cualquiera de las páginas de la pantalla de inicio.

2. Centro de control:

- Desliza el dedo hacia abajo desde la esquina superior derecha de la pantalla para acceder al Centro de control. Aquí puede alternar el modo avión, Wi-Fi, Bluetooth y otras configuraciones.

3. Centro de notificaciones:

- Deslízate hacia abajo desde la esquina superior izquierda para acceder al Centro de notificaciones. Aquí puede ver todas sus notificaciones recientes.

4. Gestos:

- Deslice el dedo hacia arriba desde el borde inferior (en iPhones sin botón de Inicio) o presione el botón de Inicio (en modelos con botón de Inicio) para regresar a la pantalla de Inicio.
- Desliza hacia arriba y mantén presionado para acceder a App Switcher, donde puedes cambiar entre las aplicaciones utilizadas recientemente.
- Mantenga presionada una aplicación para acceder a acciones rápidas y menús contextuales.

5. Tomar capturas de pantalla:

- Presiona el botón lateral y el botón de subir volumen

simultáneamente para tomar una captura de pantalla.

- La vista previa de la captura de pantalla aparecerá en la esquina inferior izquierda. Tóquelo para realizar modificaciones o deslícese hacia la izquierda para descartarlo.

Si se familiariza con estos conceptos básicos, estará bien encaminado para dominar su nuevo iPhone. En las siguientes secciones, profundizaremos en las ricas características y funcionalidades que su iPhone tiene para ofrecer. ¡Manténganse al tanto!

3. Personalización

Personalizar tu iPhone es una manera fantástica de hacer que el dispositivo sea realmente tuyo. Esta sección lo guiará para personalizar su pantalla de inicio y su pantalla de bloqueo, así como para cambiar los tonos de llamada, los tonos de alerta y los sonidos del sistema para adaptarlos a sus preferencias.

3.1 Personalización de la pantalla de inicio y de bloqueo

La pantalla de inicio y la pantalla de bloqueo de tu iPhone son las primeras cosas que ves cuando usas tu dispositivo, así que hagamos que reflejen tu estilo y preferencias.

1. Cambio de fondo de pantalla:

- Vaya a Configuración > Fondo de pantalla > Elija un nuevo fondo de pantalla.
- Puede seleccionar entre fotos dinámicas, fijas o sus propias fotos. Los fondos de pantalla dinámicos se mueven sutilmente.
- Una vez que haya hecho su elección, puede configurar el fondo de pantalla para la pantalla de bloqueo, la pantalla de inicio o ambas.

2. Organizar aplicaciones:

- Toque y mantenga presionada cualquier aplicación en la pantalla de inicio, luego toque Editar pantalla de inicio. Las aplicaciones comienzan a moverse.
- Arrastre aplicaciones para reorganizarlas. Para crear una carpeta, arrastre una aplicación a otra aplicación.
- Toque Listo o presione el botón Inicio (en modelos con botón Inicio) cuando termine.

3. Aparatos:

- Los widgets brindan información de un vistazo y se pueden agregar tanto a la pantalla de inicio como a la pantalla de bloqueo.
- Toque y mantenga presionado un widget o un área vacía en la Vista Hoy hasta que las aplicaciones se muevan, luego toque el botón Agregar en la esquina superior izquierda.
- Seleccione un widget, elija entre tres tamaños de widget y luego toque Agregar widget.

4. Personalización de la pantalla de bloqueo (iOS 16 y posterior):

- Mantenga presionada la pantalla de bloqueo para ingresar al modo de personalización.

- Toque el botón azul '+' para crear una nueva pantalla de bloqueo.
- Personalícelo agregando widgets, cambiando la fuente y el color del reloj y configurando una foto o un fondo de pantalla dinámico.

3.2 Cambio de tonos de timbre, tonos de alerta y sonidos del sistema

Personalizar el sonido de tu iPhone puede hacer que tu dispositivo se sienta aún más exclusivo. A continuación se explica cómo cambiar los tonos de llamada y los sonidos del sistema:

1. Cambiar tonos de timbre y tonos de texto:
- Vaya a Configuración > Sonidos y sensaciones táctiles.
- En Sonidos y patrones de vibración, toque el sonido que desea cambiar.
- Toque un tono de llamada o tono de alerta para escucharlo y configurarlo como el nuevo sonido.

2. Compra de nuevos tonos de llamada:
- Toca Tone Store para buscar y comprar nuevos tonos de llamada si quieres algo diferente.

3. Configuración de alertas de emergencia:
- Vaya a Configuración > Notificaciones.
- Desplácese hasta la parte inferior y en Alertas gubernamentales, active las alertas que desea recibir.

4. Ajustar los clics del teclado y los sonidos de bloqueo:
- Vaya a Configuración > Sonidos y sensaciones táctiles.

- Desplácese hacia abajo para encontrar las opciones para los clics del teclado y el sonido de bloqueo. Actívalos o desactívalos según tus preferencias.

Si sigue estos pasos, podrá asegurarse de que su iPhone represente su estilo y preferencias, tanto visual como audiblemente. ¡Disfruta haciendo que tu dispositivo sea exclusivamente tuyo!

4. Conceptos básicos de la comunicación

La comunicación efectiva es crucial y tu iPhone es una herramienta poderosa que puede mantenerte conectado con el mundo. Esta sección cubre el dominio de llamadas, mensajes y correos electrónicos y brinda consejos para usar FaceTime e iMessage de manera eficiente.

4.1 Dominar llamadas, mensajes y correos electrónicos

Tu iPhone facilita la comunicación, ya sea mediante una llamada telefónica, un mensaje de texto o un correo electrónico. A continuación se explica cómo gestionarlos de forma eficaz:

1. Gestión de llamadas:
- Realizar llamadas: abra la aplicación Teléfono, elija un contacto o marque un número y toque el botón de llamada.

- Recibir llamadas: responda deslizando el botón verde o rechace deslizando el botón rojo. También puedes enviar un mensaje rápido o configurar un recordatorio para volver a llamar más tarde.
- Bloqueo de números: vaya a Configuración > Teléfono > Contactos bloqueados para agregar números de los que no desea recibir llamadas.

2. Uso de mensajes:

- Envío de mensajes de texto: abra la aplicación Mensajes, toque el botón redactar, ingrese un contacto o número, escriba su mensaje y toque enviar.
- Agregar archivos adjuntos: toque el ícono de la cámara para tomar una foto o un video, o el ícono de fotos para elegir de su biblioteca.
- Mensajería grupal: cree mensajes grupales agregando varios contactos en el campo del destinatario.

3. Gestión de correos electrónicos:

- Configuración de cuentas de correo electrónico: Vaya a Configuración > Correo > Cuentas > Agregar cuenta.
- Redactar correos electrónicos: abra la aplicación Correo, toque el botón redactar, ingrese el correo electrónico, el asunto y el mensaje del destinatario.
- Organización de correos electrónicos: use buzones de correo para categorizar correos electrónicos o deslice el dedo hacia la izquierda en un correo electrónico para obtener más opciones, como marcar o archivar.

4.2 Consejos para un uso eficaz de FaceTime e iMessage

FaceTime e iMessage son herramientas poderosas para llamadas de video y audio y mensajes de texto, respectivamente. A continuación se ofrecen algunos consejos para utilizarlos de forma eficaz:

1. FaceTime:

- Realizar llamadas: abra la aplicación FaceTime, ingrese el nombre, el número de teléfono o la dirección de correo electrónico del contacto y toque el ícono de video o audio.
- Durante las llamadas: utilice funciones como voltear la cámara, silenciarlas o agregar filtros y Memojis.
- FaceTime grupal: puede realizar videollamadas con varias personas a la vez agregando más contactos durante la llamada.

2. iMensaje:

- Activación de iMessage: Vaya a Configuración > Mensajes y active iMessage.
- Envío de iMessages: los mensajes enviados como iMessages (burbujas azules) son gratuitos a través de Wi-Fi o datos móviles.
- Funciones: utilice funciones como Animoji, pegatinas Memoji, toque digital y efectos de mensajes para que las conversaciones sean más interactivas.

Al dominar estos conceptos básicos de comunicación, podrá asegurarse de utilizar su iPhone en su máximo potencial y mantenerse en contacto con amigos, familiares y colegas de manera fácil y efectiva.

5. Cámara y fotografía

Tu iPhone no es sólo un teléfono; También es una cámara potente capaz de capturar fotografías y vídeos impresionantes. En esta sección, exploraremos la aplicación de la cámara y sus diversos modos y compartiremos consejos para tomar fotografías y videos de calidad profesional.

5.1 Exploración de la aplicación Cámara y sus distintos modos

La aplicación de cámara del iPhone viene repleta de funciones y modos que se adaptan a una variedad de escenarios fotográficos, ya sea un paisaje pintoresco, un evento deportivo de rápido movimiento o un plato bellamente servido.

1. Accediendo a la cámara:
- Accede rápidamente a la cámara desde la pantalla de bloqueo deslizándote hacia la izquierda o desde el Centro de control.

2. Modos de cámara:
- Foto: El modo estándar para tomar fotografías. Utilice el modo Retrato con bokeh avanzado y control de profundidad para obtener fotografías de aspecto profesional.
- Video: grabe videos simplemente deslizándose al modo de video. Puede ajustar configuraciones como la resolución y la velocidad de fotogramas.

- Lapso de tiempo y cámara lenta: capture videos en cámara lenta o acelere el tiempo con estos modos creativos.
- Pano: cree imágenes panorámicas moviendo lentamente la cámara de un lado a otro.

3. Fotos en vivo:
- Capture momentos con movimiento y sonido. Mantén presionada una foto en vivo para verla.

4. HDR (alto rango dinámico):
- Utilice HDR para equilibrar automáticamente las sombras y las luces en las fotografías, garantizando imágenes detalladas y vibrantes.

5.2 **Consejos para tomar fotografías y vídeos de calidad profesional**

Tomar excelentes fotografías y videos no se trata solo de tener una buena cámara; también se trata de comprender algunos principios y técnicas clave:

1. Composición y Encuadre:
- Siga la regla de los tercios utilizando la función de cuadrícula en la configuración de la cámara. Coloque al sujeto en los puntos de intersección para lograr una composición equilibrada.
- Presta atención al encuadre y prueba diferentes perspectivas para obtener tomas más interesantes.

2. Enfoque y exposición:
- Toca la pantalla donde quieras enfocarte. Desliza hacia arriba o hacia abajo para ajustar la exposición (brillo).

- Para retratos, utilice el modo Retrato y experimente con diferentes efectos de iluminación.

3. Disparos firmes:

- Mantenga las manos firmes o utilice un trípode, especialmente en condiciones de poca luz o al tomar fotografías de larga exposición.

4. Utilizando luz natural:

- Siempre que sea posible, utilice luz natural. Temprano en la mañana o al final de la tarde proporciona una luz suave y difusa.
- Evite la luz solar directa o utilícela de forma creativa para siluetas y fotografías a contraluz.

5. Edición y mejora:

- Utilice las herramientas de edición integradas en la aplicación Fotos para ajustar el brillo, el contraste, la saturación y más.
- Experimente con filtros para darle a sus fotografías una apariencia única.

6. Consejos en vídeo:

- Para videos, mantenga sus movimientos suaves y constantes. Utilice funciones como lapso de tiempo y cámara lenta para obtener efectos creativos.
- Preste atención a la calidad del audio; Evite ambientes ventosos o ruidosos.

Si dominas las funciones de la cámara de tu iPhone y aplicas estos consejos de fotografía y videografía, estarás en el camino correcto para capturar fotografías y videos de calidad profesional. ¡Feliz tiroteo!

6. Productividad y Trabajo

Su iPhone es una poderosa herramienta no sólo para la comunicación y el entretenimiento, sino también para la productividad y la organización. Esta sección lo guiará en el uso eficaz de las aplicaciones de correo y calendario, así como en el uso de notas, recordatorios y notas de voz para mejorar su productividad.

6.1 Configuración y uso de aplicaciones de correo y calendario

Estar al tanto de sus correos electrónicos y su agenda es crucial para la productividad. A continuación te explicamos cómo aprovechar al máximo las aplicaciones Correo y Calendario de tu iPhone.

1. Configuración de cuentas de correo electrónico:
- Vaya a Configuración > Correo > Cuentas > Agregar cuenta.
- Elija su proveedor de correo electrónico e inicie sesión con su dirección de correo electrónico y contraseña.
- Personalice configuraciones como intervalos de búsqueda y notificaciones según sus preferencias.

2. Usando la aplicación de correo:
- Organice su bandeja de entrada con carpetas y filtros de buzón.
- Desliza el dedo hacia la izquierda o hacia la derecha en un correo electrónico para archivarlo, eliminarlo, responderlo o marcarlo rápidamente.
- Utilice la función de búsqueda para encontrar rápidamente correos electrónicos específicos.

3. Usando la aplicación Calendario:

- Agregue eventos tocando el signo más y completando detalles como fecha, hora, ubicación y asistentes.
- Vea su agenda en diferentes formatos (día, semana, mes o lista).
- Configure alertas para los próximos eventos para mantenerse notificado.

6.2 **Notas, recordatorios y notas de voz para aumentar la productividad**

Para anotar ideas, configurar recordatorios de tareas o grabar notas de voz, tu iPhone lo tiene todo cubierto.

1. Usando Notas:

- Cree nuevas notas, haga listas de verificación o agregue fotografías y bocetos.
- Organice notas en carpetas y utilice la función de búsqueda para encontrar rápidamente notas específicas.
- Comparta notas con otras personas para colaborar.

2. Configuración de recordatorios:

- Cree un nuevo recordatorio, agregue detalles como notificaciones basadas en la hora o la ubicación.
- Organice sus recordatorios en listas para realizar un seguimiento de diferentes proyectos o tareas.
- Utilice Siri para configurar recordatorios con manos libres.

3. Grabación de notas de voz:

- Utilice la aplicación Notas de voz para grabar notas de audio, conferencias, reuniones o cualquier sonido.

- Edita tus grabaciones recortando el inicio o el final.
- Comparta sus notas de voz por correo electrónico, mensajes o guárdelas en su almacenamiento en la nube favorito.

Al integrar estas herramientas en su rutina diaria, puede optimizar sus tareas, administrar su tiempo de manera más eficiente y aumentar su productividad general. Ya sea para estar al tanto de tus correos electrónicos, programar tu semana, anotar inspiraciones repentinas o configurar recordatorios para tus tareas pendientes, tu iPhone es el mejor compañero para el trabajo y la productividad.

7. Entretenimiento y medios

Su iPhone no es sólo una herramienta de productividad y comunicación, sino también una puerta de entrada a un vasto mundo de entretenimiento y medios. Desde transmitir tus canciones favoritas en Apple Music hasta ponerte al día con programas populares con la aplicación de TV, tu iPhone pone un mundo de diversión al alcance de tu mano.

7.1 Uso de Apple Music, Podcasts y la aplicación de TV

Sumérgete en el ámbito de la música, los podcasts y la televisión con estas aplicaciones integradas diseñadas para un experiencia mediática incomparable.

1. Música de Apple:

- Primeros pasos: abra la aplicación Música para acceder a una amplia biblioteca de canciones, listas de reproducción seleccionadas y radio en vivo.
- Creación de listas de reproducción: cree sus propias listas de reproducción agregando sus pistas favoritas.
- Descubriendo música nueva: utilice la sección "Para usted" para encontrar música nueva adaptada a sus gustos según su historial de escucha.

2. Pódcast:

- Exploración de podcasts: abra la aplicación Podcasts para buscar y suscribirse a una amplia gama de podcasts de varios géneros.
- Gestión de episodios: realice un seguimiento de lo que escucha con opciones para descargar automáticamente nuevos episodios y eliminar los reproducidos.
- Creación de listas de reproducción: organice sus podcasts en listas de reproducción para una experiencia auditiva perfecta.

3. Aplicación de televisión:

- Acceso al contenido: abra la aplicación de TV para ver las películas y programas de TV que compró o alquiló.
- Descubrir programas y películas: explore la sección "Ver ahora" para descubrir contenido recomendado según sus preferencias de visualización.
- Suscripción a Apple TV+: considere suscribirse a Apple TV+ para acceder a programas y películas originales exclusivos de Apple.

7.2 **Exploración de la App Store para juegos y otras aplicaciones**

Tu iPhone viene con App Store, un tesoro de aplicaciones y juegos que satisfacen todos los intereses y necesidades.

1. Descubriendo nuevas aplicaciones:
- Explora la pestaña "Hoy" para encontrar aplicaciones y juegos destacados, junto con historias y consejos de los editores de la App Store.
- Utilice la pestaña "Juegos" para descubrir juegos nuevos y populares.

2. Gestión de Descargas y Compras:
- Utilice su ID de Apple para comprar y descargar aplicaciones.
- Habilite 'Solicitar compra' o 'Tiempo de pantalla' para compartir en familia y controles parentales.

3. Mantenerse actualizado:
- Mantenga sus aplicaciones actualizadas habilitando las actualizaciones automáticas en Configuración, asegurándose de tener las últimas funciones y mejoras de seguridad.

Al explorar estas opciones de entretenimiento, puedes convertir tu iPhone en una potencia multimedia, asegurándote de que, ya sea que estés de humor para escuchar música, podcasts, películas, programas de televisión o juegos, siempre estarás a solo unos toques de lo que deseas. amar. Disfruta el el rico mundo de medios y entretenimiento que ofrece tu iPhone y haz que cada momento sea placentero.

8. Salud y Accesibilidad

Su iPhone es una poderosa herramienta que puede contribuir significativamente a gestionar su salud y bienestar, además de garantizar la accesibilidad para todos los usuarios. Esta sección explora cómo aprovechar al máximo la aplicación Salud para sus necesidades de bienestar y estado físico, y destaca las sólidas funciones de accesibilidad que hacen del iPhone un dispositivo para todos.

8.1 Utilización de la aplicación Salud para bienestar y fitness

La aplicación Salud es un depósito central de todos sus datos de salud y estado físico, que ofrece una vista integral de su salud, para que pueda tomar decisiones informadas sobre su estilo de vida.

1. Configurar la aplicación Salud:
- Abra la aplicación Salud y toque su foto de perfil para configurar su identificación médica para emergencias y completar detalles como su fecha de nacimiento, peso y altura.
- Conecte aplicaciones y dispositivos que utiliza para fitness y salud para obtener todos sus datos en un solo lugar.

2. Actividad de seguimiento:

- Utilice su iPhone o conecte su Apple Watch para realizar un seguimiento de sus actividades diarias, como sus pasos, la distancia recorrida o corrida y los vuelos subidos.
- Establezca objetivos diarios de acondicionamiento físico y controle su progreso a lo largo del día.

3. Monitoreo de métricas de salud:

- Realice un seguimiento de métricas de salud como frecuencia cardíaca, patrones de sueño e ingesta nutricional.
- Registre datos como la presión arterial y los niveles de glucosa, ya sea manualmente o conectando dispositivos de salud inteligentes.

4. Creación de un panel de salud:

- Personalice su panel para mostrar las métricas de salud más relevantes para usted.
- Utilice la aplicación Salud para visualizar tendencias a lo largo del tiempo y comprender cómo sus hábitos influyen en sus objetivos de salud.

8.2 Funciones de accesibilidad para una experiencia inclusiva

El iPhone está diseñado con potentes funciones de accesibilidad que se adaptan a todos los usuarios, incluidos aquellos con discapacidades visuales, auditivas, de movilidad y de aprendizaje.

1. Adaptaciones de la vista:

- VoiceOver: un lector de pantalla basado en gestos que te permite disfrutar usando tu iPhone incluso si no puedes ver la pantalla.
- Lupa: utiliza tu iPhone como lupa digital.
- Adaptaciones de pantalla: personalice la configuración de pantalla con opciones como invertir colores, filtros de color y Reducir el punto blanco.

2. Adaptaciones para la audiencia:
- Escucha en vivo: usa tu iPhone para amplificar el sonido en ambientes ruidosos.
- Alertas visuales: use flash LED o notificaciones en pantalla para alertas.
- Compatibilidad con audífonos: conecte sus dispositivos auditivos a su iPhone.

3. Adaptaciones de movilidad:
- AssistiveTouch: personaliza cómo navegas en tu iPhone si tienes dificultades para tocar la pantalla o presionar botones.
- Control por voz: controla tu iPhone solo con tu voz.
- Control por botón: navega por tu iPhone con gestos mínimos.

4. Aprendizaje y Alfabetización:
- Acceso guiado: ayude a mantenerse concentrado en una tarea limitando el acceso a una sola aplicación y controlando las funciones de la aplicación.
- Hablar pantalla: haga que le lean el contenido de la pantalla.

Al aprovechar estas funciones de salud y accesibilidad, su iPhone se convierte no solo en un dispositivo, sino en un compañero de salud personal y una herramienta inclusiva que se adapta para satisfacer diversas necesidades, garantizando que todos puedan aprovechar todo su potencial.

9. Seguridad y Privacidad

Su iPhone está diseñado con tecnologías avanzadas de seguridad y privacidad para proteger su información. Esta sección lo guiará a través de la configuración de Face ID o Touch ID para una autenticación segura y la administración de su configuración de privacidad para tener control sobre su información personal.

9.1 **Configurar Face ID o Touch ID**

Face ID y Touch ID ofrecen formas seguras y convenientes de desbloquear su iPhone, autenticar compras e iniciar sesión en aplicaciones.

1. Configurar Face ID:
- Vaya a Configuración > Face ID y contraseña. Ingresa tu contraseña y luego toca "Configurar Face ID".
- Siga las instrucciones en pantalla para escanear su rostro. Tendrás que mover la cabeza lentamente para completar el círculo.

- Una vez configurado, puedes usar Face ID para desbloquear tu iPhone, autenticar pagos e iniciar sesión en aplicaciones.

2. Configurar Touch ID:

- Vaya a Configuración > Touch ID y contraseña. Ingrese su contraseña, luego toque "Agregar una huella digital".
- Coloque su dedo en el botón Inicio repetidamente para capturar todos los bordes de su huella digital.
- Una vez configurado, puedes usar Touch ID para desbloquear tu iPhone, realizar compras e iniciar sesión en aplicaciones.

3. Administrar configuraciones adicionales:

- En la configuración de Face ID y código de acceso o Touch ID y código de acceso, puede personalizar funciones como desbloqueo de iPhone, Apple Pay, compras en iTunes y App Store, y más.

9.2 Comprensión y gestión de la configuración de privacidad

Su iPhone ofrece configuraciones de privacidad integrales, lo que le brinda control sobre sus datos y cómo se usan.

1. Servicios de Ubicación:

- Vaya a Configuración > Privacidad > Servicios de ubicación para administrar qué aplicaciones tienen acceso a su información de ubicación. Puedes otorgar acceso mientras usas la aplicación, siempre o nunca.

2. Permisos de la aplicación:

- Las aplicaciones pueden solicitar acceso a información como sus fotos, cámara, micrófono, contactos y más. Puede controlar estos permisos individualmente para cada aplicación en Configuración > Privacidad.

3. Publicidad de Apple:

- Vaya a Configuración > Privacidad > Publicidad de Apple para administrar sus preferencias publicitarias. Puede optar por no recibir anuncios personalizados si prefiere no recibir anuncios orientados a sus intereses.

4. Análisis y mejoras:

- Elija si desea compartir análisis de dispositivos con Apple para ayudar a mejorar los productos y servicios. Vaya a Configuración > Privacidad > Análisis y mejoras.

5. Seguimiento:

- Controle si las aplicaciones pueden rastrear su actividad en aplicaciones y sitios web de otras empresas para publicidad o intermediarios de datos. Vaya a Configuración > Privacidad > Seguimiento.

Al configurar correctamente Face ID o Touch ID y administrar su configuración de privacidad, puede asegurarse de que su información personal esté protegida y de que tenga control total sobre cómo se accede a ella y se utiliza. Su iPhone está diseñado para brindarle tranquilidad al proteger sus datos y respetar su privacidad.

10. Funciones y consejos avanzados

Su iPhone incluye una variedad de funciones ocultas y atajos que pueden mejorar su experiencia de usuario y hacer que las tareas diarias sean más eficientes. Además, saber cómo solucionar problemas comunes puede ahorrarle tiempo y frustración. Esta sección lo guiará a través de estas funciones avanzadas y le brindará consejos útiles para solucionar problemas.

10.1 Exploración de funciones ocultas y atajos

Libere todo el potencial de su iPhone explorando estas funciones y atajos menos conocidos:

1. Toque Atrás:
- Personaliza los toques dobles o triples en la parte posterior de tu iPhone para activar acciones como tomar una captura de pantalla, bloquear la pantalla o iniciar una aplicación. Vaya a Configuración > Accesibilidad > Tocar > Tocar Atrás.

2. Atajos de reemplazo de texto:
- Cree atajos para frases de uso común. Vaya a Configuración > General > Teclado > Reemplazo de texto, toque el signo más e ingrese una frase y su atajo.

3. Patrones de vibración personalizados:
- Crea patrones de vibración personalizados para contactos. Vaya a Contactos, seleccione un contacto, toque Editar, luego toque Tono de llamada o Tono de texto y elija Vibración > Crear nueva vibración.

4. Volver a marcar rápidamente el último número:
- Toque el botón verde de llamada en la aplicación Teléfono para volver a marcar el último número marcado.

5. Usa Siri sin hablar:
- Escribe en Siri yendo a Configuración > Accesibilidad > Siri y luego activa Escribir en Siri. Esto resulta útil en entornos tranquilos o si prefiere escribir.

10.2 Solución de problemas comunes

Incluso los mejores dispositivos pueden tener problemas. A continuación se muestran algunos problemas comunes del iPhone y cómo solucionarlos:

1. iPhone no carga:
- Revise el puerto de rayos en busca de residuos y límpielo con cuidado.
- Pruebe con un cable o cargador diferente para descartar problemas con el cable.

2. Aplicaciones que fallan o se congelan:
- Cierra la aplicación y vuelve a abrirla.
- Actualice la aplicación o su iOS a la última versión.
- Desinstale y vuelva a instalar la aplicación si el problema persiste.

3. La batería se agota rápidamente:

- Verifique el uso de la batería en Configuración > Batería para ver qué aplicaciones consumen más energía.
- Habilite el modo de bajo consumo en Configuración > Batería.

4. Problemas con Wi-Fi o datos móviles:

- Active y desactive Wi-Fi o Datos móviles en el Centro de control.
- Reinicie su iPhone o restablezca la configuración de red (Configuración > General > Restablecer > Restablecer configuración de red).

5. La pantalla táctil no responde:

- Limpie la pantalla con un paño suave, ligeramente húmedo y sin pelusa.
- Retire los protectores de pantalla o las fundas que puedan estar obstruyendo la pantalla.
- Reinicia tu iPhone.

Al explorar estas funciones avanzadas y estar equipado para solucionar problemas comunes, podrá disfrutar de una experiencia más fluida y personalizada con su iPhone, asegurándose de que funcione de manera eficiente para sus necesidades diarias.

11. Mantenimiento de su dispositivo

El mantenimiento adecuado de su iPhone es esencial para garantizar su longevidad y rendimiento óptimo. Esta sección proporciona consejos para mantener la salud de la batería y pautas para la limpieza y el cuidado de su dispositivo.

11.1 Consejos para la salud y longevidad de la batería

La batería es un componente crucial de tu iPhone y cuidarla puede prolongar su vida útil y mantener su rendimiento.

1. Optimice la configuración de la batería:
- Utilice el modo de bajo consumo para prolongar la duración de la batería cuando se esté agotando yendo a Configuración > Batería y activando el modo de bajo consumo.
- Habilite la carga optimizada de la batería en Configuración > Batería > Estado de la batería para ralentizar el envejecimiento de la batería.

2. Supervisar el uso de la batería:
- Comprueba qué aplicaciones consumen más batería yendo a Configuración > Batería. Considere limitar la actividad en segundo plano para aplicaciones que consumen mucha energía.

3. Mantenga rangos de temperatura ideales:
- Intente utilizar su iPhone en temperaturas entre

- 0° y 35° C (32° a 95° F). Exponer su dispositivo a temperaturas extremadamente bajas o altas puede dañar la batería y afectar su rendimiento.

4. Carga regular frente a carga de ciclo completo:
- Las cargas parciales frecuentes son mejores para las baterías de iones de litio que las cargas de ciclo completo (0-100%). Evite agotar la batería por completo antes de cargarla.

11.2 Limpieza y cuidado de tu iPhone

Mantener su iPhone limpio y bien cuidado no sólo lo mantiene como nuevo sino que también garantiza su funcionalidad.

1. Limpieza de la pantalla y el cuerpo:
- Utilice un paño suave y sin pelusa para limpiar su iPhone.
- Evite que entre humedad en las aberturas y no utilice productos de limpieza ni aire comprimido.

2. Limpieza de los puertos y conectores:
- Retire con cuidado cualquier residuo del puerto de rayos con un paño suave, seco y sin pelusa.
- Si es necesario, utilice un cepillo de cerdas suaves para limpiar suavemente las mallas del altavoz y del micrófono.

3. Limpieza de los puertos y conectores:
- Retire con cuidado cualquier residuo del puerto de rayos con un paño suave, seco y sin pelusa.
- Si es necesario, utilice un cepillo de cerdas suaves para limpiar suavemente las mallas del altavoz y del micrófono.

- Asegúrese de que los estuches y los protectores de pantalla estén libres de residuos antes de la instalación, ya que las partículas pueden causar rayones.

4. Manipulación con cuidado:
- Evite dejar caer su iPhone o someterlo a otros impactos.
- Mantenga su iPhone alejado del contacto con líquidos, que pueden dañar o perjudicar su funcionalidad.

Si sigue estos consejos de mantenimiento, podrá ayudar a garantizar que su iPhone se mantenga en óptimas condiciones, ofreciendo un rendimiento óptimo y una vida útil más larga. Revisar periódicamente su dispositivo y ser consciente de su cuidado puede ser de gran ayuda para preservar su funcionalidad y apariencia.

12. Conclusión

A medida que concluimos esta guía para dominar su iPhone, queda claro que su dispositivo es mucho más que un simple teléfono: es una herramienta versátil que puede mejorar varios aspectos de su vida diaria. Desde hacer que la comunicación sea fluida y administrar tu agenda hasta capturar fotos impresionantes y garantizar que tus datos estén seguros, tu iPhone está equipado para manejarlo todo con facilidad y eficiencia.

Resumen de los aspectos más destacados:

- Comenzamos configurando su iPhone, familiarizándolo con la interfaz y los gestos básicos, asegurándonos de que se sienta cómodo navegando en su dispositivo.
- Profundizamos en la personalización de tu iPhone, haciéndolo realmente tuyo personalizando la pantalla de inicio, la pantalla de bloqueo y los sonidos.
- Exploramos las herramientas de comunicación integrales como llamadas, mensajes, correos electrónicos, FaceTime e iMessage, asegurándonos de que permanezca conectado con su mundo.
- Liberamos el potencial de la aplicación Cámara y brindamos consejos para mejorar sus habilidades de fotografía y videografía.
- Hablamos de maximizar la productividad con herramientas como Correo, Calendario, Notas, Recordatorios y Notas de Voz.
- Navegamos por las opciones de entretenimiento, incluyendo Apple Music, Podcasts, la aplicación de TV y el vasto mundo de la App Store.
- Destacamos la importancia de la salud y la accesibilidad, garantizando que su iPhone contribuya positivamente a su bienestar y sea accesible para todos.
- Profundizamos en los aspectos críticos de seguridad y privacidad, asegurándonos de que sepa cómo proteger su información y administrar sus datos.
- Descubrimos funciones y atajos ocultos,

- haciendo que sus interacciones diarias con su iPhone sean más eficientes y agradables.
- Finalmente, compartimos consejos esenciales para mantener su dispositivo, asegurando su longevidad y rendimiento óptimo.

Fomentar la exploración de las funciones del iPhone:

Tu viaje con tu iPhone apenas comienza y hay mucho más por explorar y descubrir. Cada actualización y nuevo modelo trae características y mejoras innovadoras. Le animo a que explore y experimente continuamente con estas funciones. Cuanto más aprendas, más descubrirás que tu iPhone es una parte indispensable de tu vida diaria.

Recuerde, el iPhone está diseñado para ser intuitivo y fácil de usar, así que no dude en sumergirse en la configuración, probar nuevas funciones y personalizar su dispositivo para adaptarlo a su estilo de vida y preferencias. Tu iPhone es un poderoso compañero que puede ayudarte, entretenerte y conectarte de maneras que quizás no hayas imaginado.

Disfrute el viaje de dominar su iPhone y que le brinde comodidad, alegría e innovación a su vida diaria. ¡Esto es para desbloquear todo el potencial de tu iPhone, un toque, deslice y haga clic a la vez!

Descargo de responsabilidad y estímulo para consultar los recursos oficiales de Apple

Si bien se han hecho todos los esfuerzos posibles para garantizar la precisión y confiabilidad de la información presentada en este libro electrónico, la tecnología siempre está evolucionando y las funcionalidades del iPhone pueden cambiar con el tiempo. Por lo tanto, la información proporcionada pretende ser una guía general y puede no reflejar los desarrollos o características más actuales.

Descargo de responsabilidad:
El autor y editor de este libro electrónico renuncian a cualquier responsabilidad por cualquier pérdida o daño directo, indirecto, incidental o consecuente incurrido por cualquier usuario como resultado de confiar en la información aquí presentada. Este libro electrónico no está afiliado, autorizado, respaldado ni conectado oficialmente de ninguna manera con Apple Inc., ni con ninguna de sus subsidiarias o afiliadas. Los nombres "Apple" y "iPhone", así como los nombres, marcas, emblemas e imágenes relacionados, son marcas comerciales registradas de sus respectivos propietarios.
Consulta con recursos oficiales de Apple:
Para obtener la información más precisa y completa, se recomienda encarecidamente que los usuarios consulten los recursos oficiales de Apple. Apple brinda amplio soporte y recursos que se actualizan periódicamente para reflejar los últimos cambios y funciones.

Si encuentra problemas importantes o necesita asistencia especializada, lo mejor es buscar asistencia directamente de Apple o de un proveedor de servicios autorizado.

Los recursos incluyen:
- Sitio web de soporte de Apple: https://support.apple.com
- Manuales de usuario de Apple: accesibles a través de la aplicación Apple Books o el sitio web de soporte de Apple.
- Comunidad de soporte de Apple: https://discussions.apple.com donde los usuarios pueden hacer preguntas y compartir soluciones.
- Tiendas minoristas de Apple: visite para obtener asistencia en persona y talleres sobre cómo usar los productos Apple.

Al consultar estos recursos oficiales, puede asegurarse de recibir la información y el soporte más precisos, confiables y actualizados disponibles para su iPhone. Recuerde, explorar y comprender su dispositivo es un viaje continuo y los recursos oficiales de Apple están ahí para guiarlo en cada paso del camino. ¡Disfruta del viaje de descubrir todo lo que tu iPhone tiene para ofrecer!